Venezianische Maske

MALBUCH

© 2015 von Avon Coloring Books

Alle Rechte vorbehalten. Kein Teil dieser Publikation darf ohne vorherige Zustimmung des Urheberrechtsinhabers und Herausgebers dieses Buches, auf elektronische oder andere Art vervielfältigt oder in irgendeiner Form reproduziert werden.

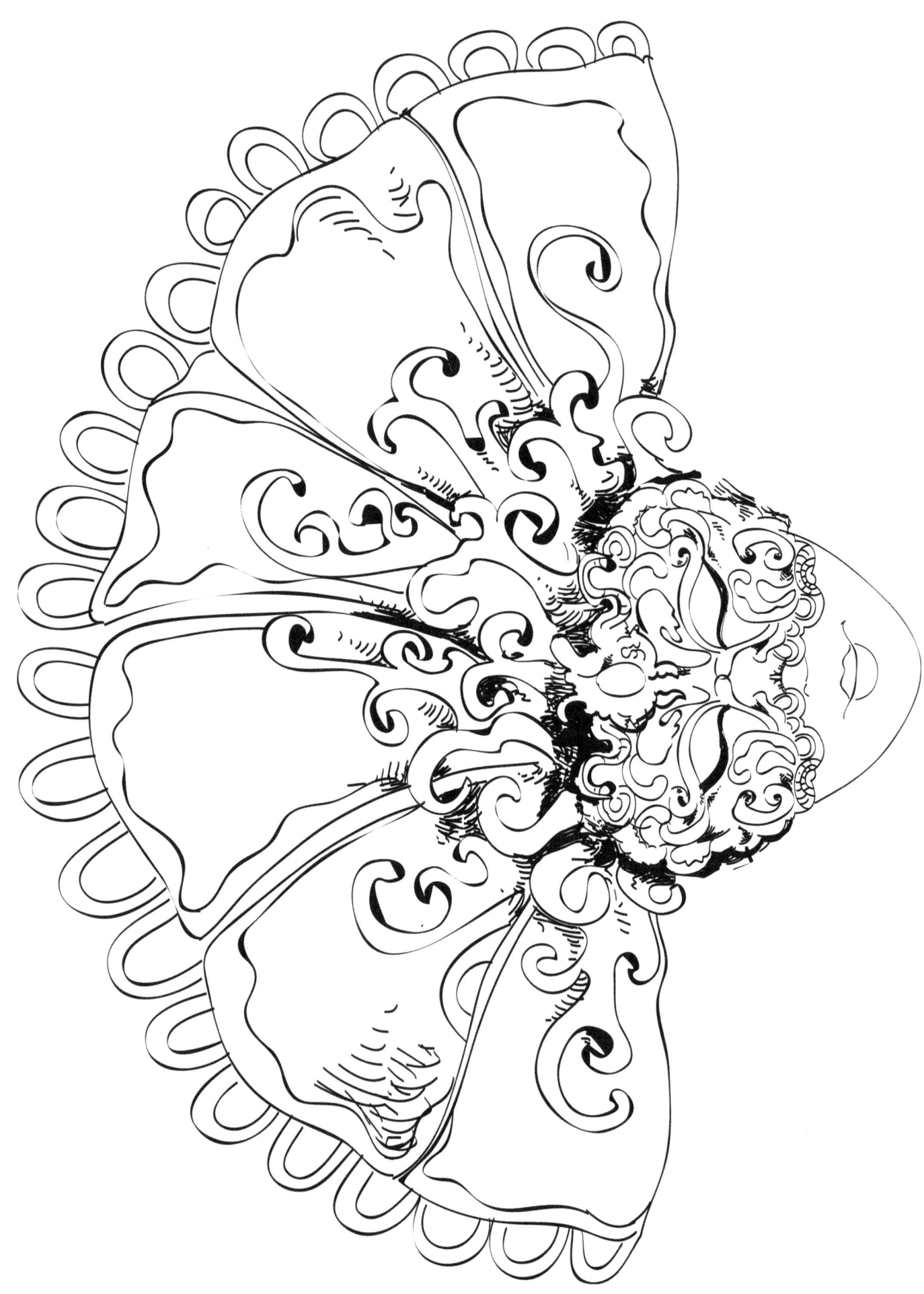

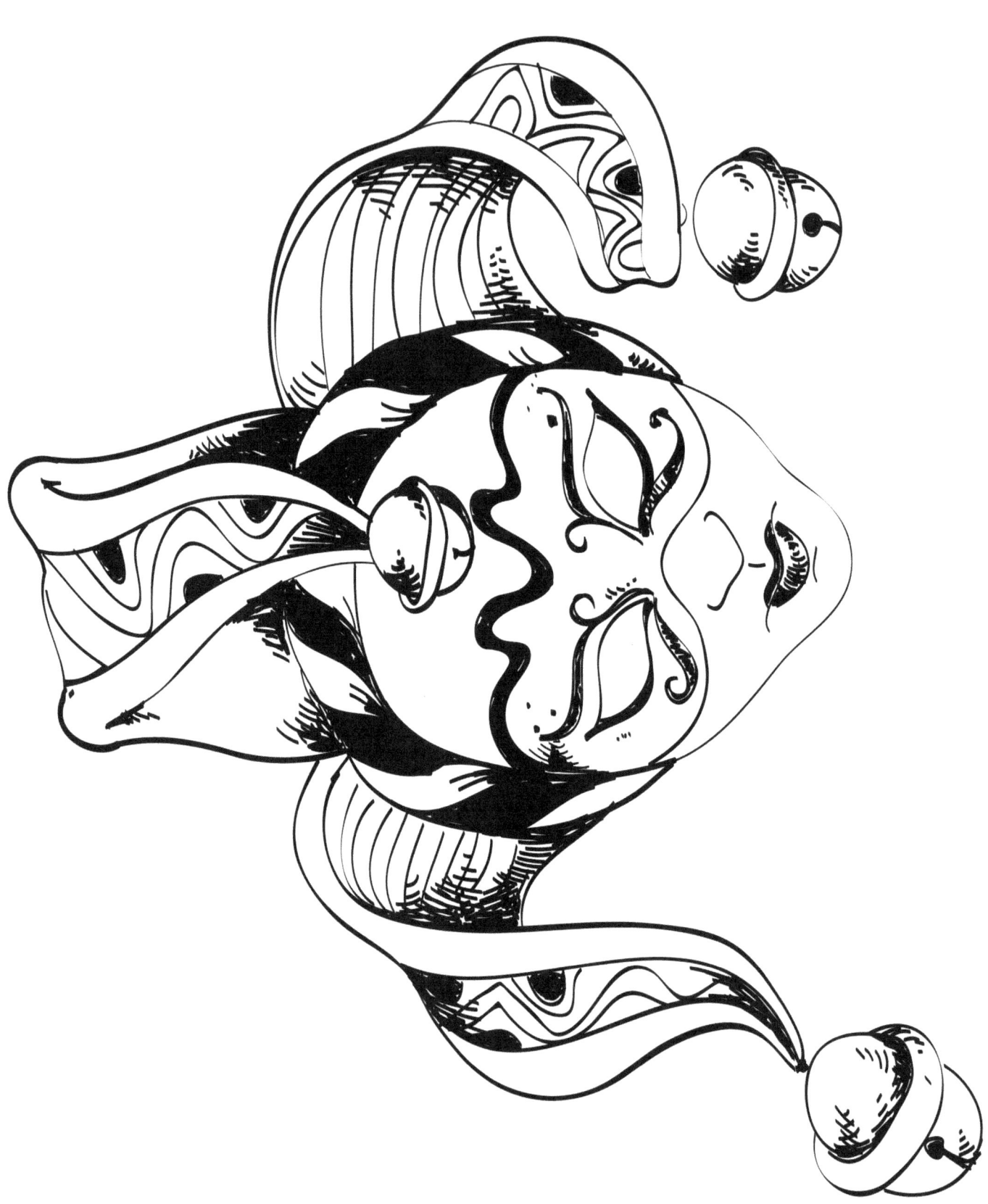

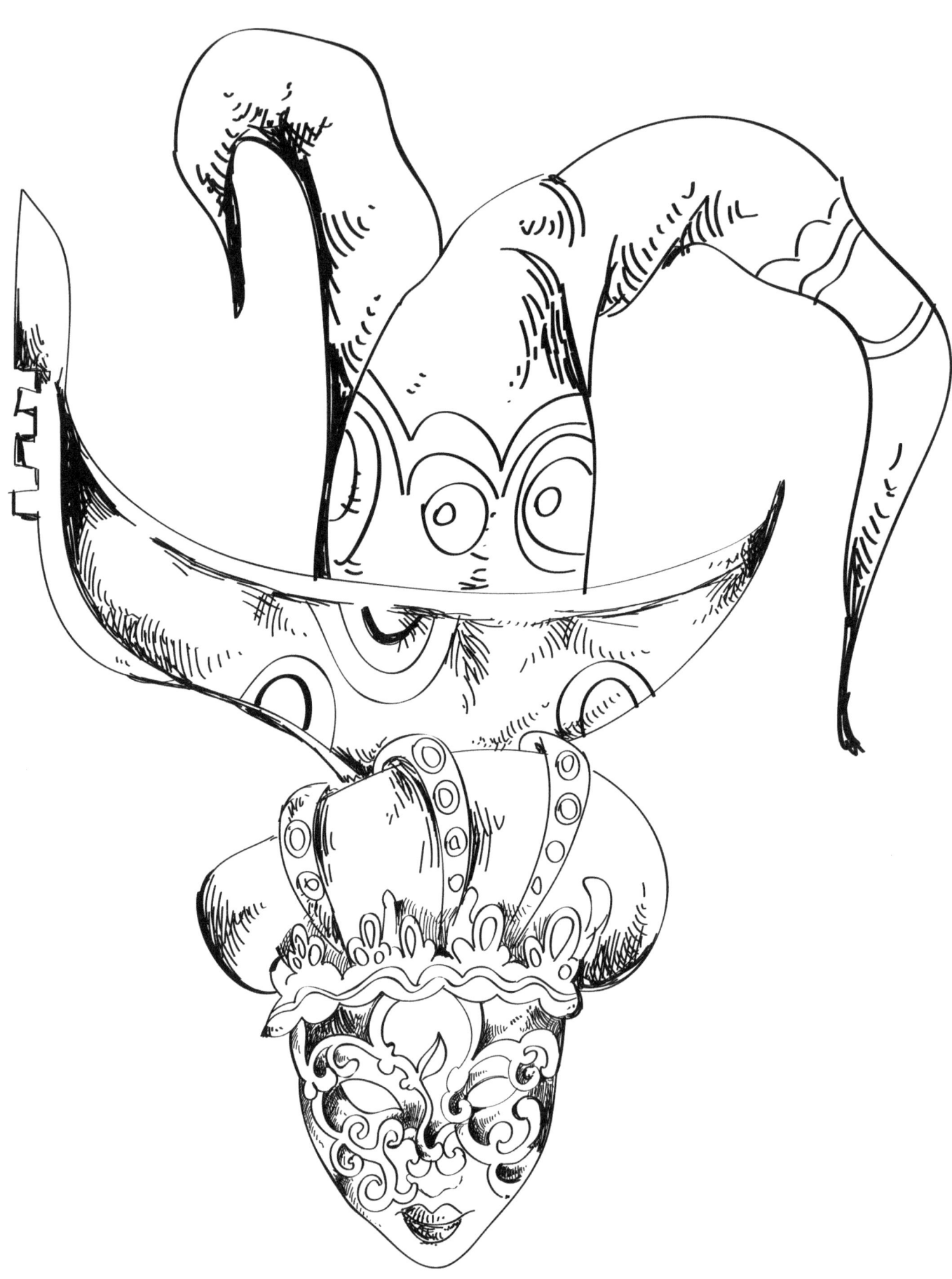

www.ingramcontent.com/pod-product-compliance
Lightning Source LLC
LaVergne TN
LVHW081548060526
838200LV00048B/2257